NOTICE

SUR

FRANÇOIS MALFUSON

PAR

Georges LECOCQ

SAINT-QUENTIN

Imprimerie Ch. POETTE, rue Croix-Belle-Porte, 19

—

1876

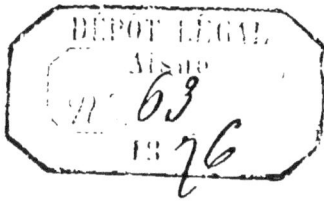

François MALFUSON

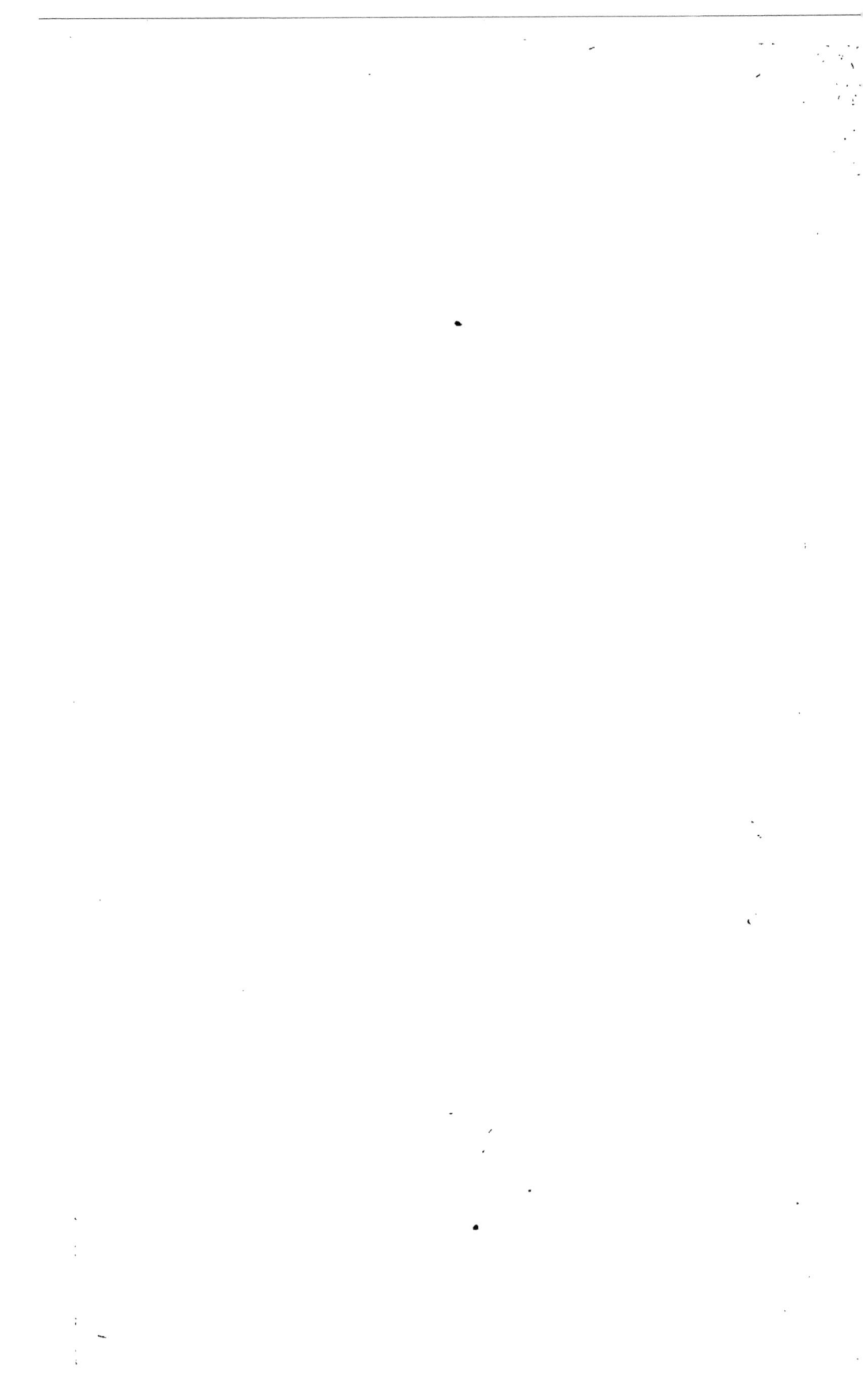

NOTICE

SUR

FRANÇOIS MALFUSON

PAR

Georges LECOCQ

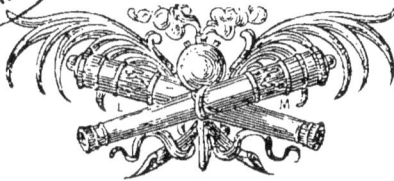

SAINT-QUENTIN

Imprimerie Ch. POETTE, rue Croix-Belle-Porte, 19

—

1876

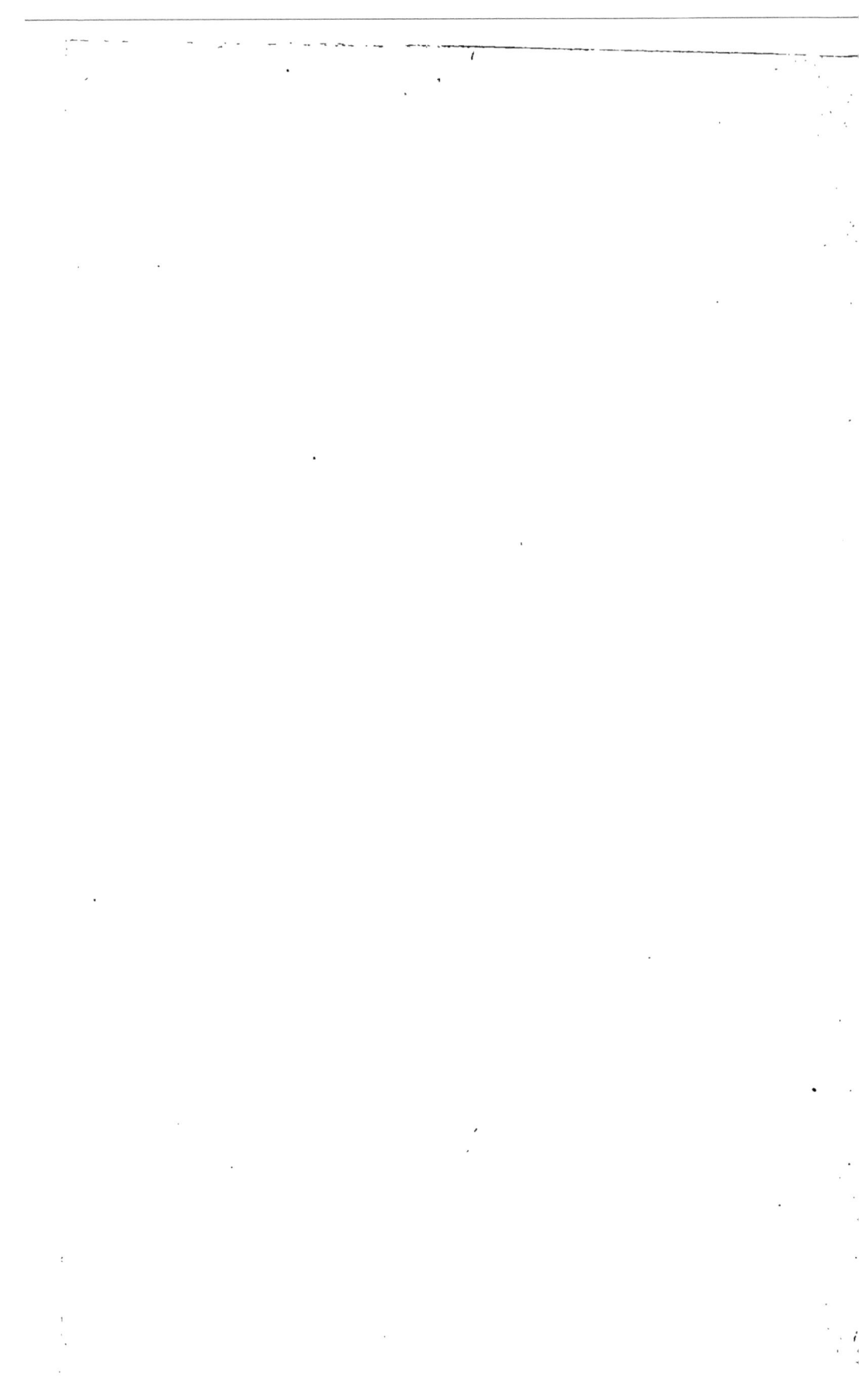

François MALFUSON

Si le culte des morts est l'accomplis-
sement d'un devoir sacré, il se mani-
feste dans toute sa noblesse et sa gran-
deur quand il est rendu à ceux qui
sont tombés en défendant la Patrie. Dans
quelques jours, une nouvelle cérémonie
aura lieu en l'honneur des soldats morts
pendant la dernière guerre et, sur une
plaque commémorative, la ville de Saint-
Quentin conservera les noms de ses enfants morts pour l'intégralité du territoire.
Cette pieuse manifestation nous rappelle un
souvenir que nous avons déjà évoqué (1),
celui de Malfuson. Qu'était Malfuson ? C'est
ce que la majorité de nos concitoyens ignore
peut-être ; c'est aussi ce que nous allons
dire en peu de mots.

En 1792, une compagnie de volontaires
partit pour l'armée. Nous ne rappellerons
pas ce qu'était alors la situation de la
France républicaine, seule en face de l'Eu-
rope royaliste dont les armées menaçaient
d'envahir le territoire. Chacun la connaît
et, du reste, un mot la résume, ce mot ter-
rible que l'Assemblée souveraine et après

---

(1) *Le Vermandois*, 3ᵉ année, 1ᵉʳ numéro.

elle chaque municipalité avait prononcé :
La Patrie est en danger.

Les Saint-Quentinois partirent donc et
jouèrent vaillamment leur rôle modeste
dans la tragédie qui se déroulait devant
eux. Près de Liège, un des leurs tomba
frappé par un boulet ennemi, c'était FRAN-
ÇOIS MALFUSON (27 novembre 1792).

Le 9 décembre de la même année, un
service solennel fut célébré dans la Collé-
giale en l'honneur de ce brave.

Les compagnies des grenadiers de la
garde nationale, les canonniers, les compagnies du centre des trois bataillons, la
gendarmerie volontaire et soldée, un déta-
chement des gardes nationaux des 6e et 7e
bataillons restés en cantonnement à Saint-
Quentin étaient réunis sur la Grand'Place
à trois heures de l'après-midi ; les tam-
bours étaient voilés, les officiers portaient
le crêpe au bras. On se rendit à l'église, au
milieu d'un tel concours de peuple que le
cortége avait peine à avancer ; la troupe
formait la haie de chaque côté des corps
administratifs et judiciaires ; on remarquait
notamment les Conseils généraux de la
commune et du district, les Tribunaux du
district, de commerce et de paix, enfin
plusieurs officiers supérieurs. Dans le
chœur, un catafalque était dressé, entière-
ment tendu de noir et orné de lauriers, aux
quatre coins duquel on brûlait des parfums
dans des urnes. La chaire, elle aussi, était
tendue de noir ; au-dessus flottait un dra-
peau tricolore sur lequel on avait peint une
couronne civique, et on y lisait d'un côté :
Aux mânes de François Malfuson, ses

frères d'armes reconnaissants, et de l'autre : *le 27 novembre 1792, l'an Ier de la République, François Malfuson, grenadier de la compagnie volontaire de Saint-Quentin, tué en face de Liège, en combattant les ennemis de la Patrie.* On chanta d'abord un *de profundis* « en musique de la composition du citoyen Jumentier ; ce chant lugubre, parfaitement analogue à la nature du sujet, a fait la plus vive impression sur l'esprit des assistants ; ensuite un citoyen fusilier de la garde nationale monta en chaire et prononça l'oraison funèbre de François Malfuson (1), puis on chanta les stances du citoyen Desmarais et l'hymne des Marseillais. Le même citoyen qui avait prononcé l'oraison funèbre reparut dans la chaire et annonça que la Municipalité, conformément au vœu de la Société des amis de la République et à un arrêté du Conseil général de la commune, allait de suite procéder à l'inauguration de la rue dite Sainte-Catherine, à laquelle on devait donner le nom de rue Malfuson, et qu'ainsi tous les

(1) Un membre a mis sur le bureau des exemplaires du discours que Charlet prononça dans l'Eglise paroissiale de Saint-Quentin en l'honneur de François Malfuson, grenadier de la compagnie volontaire de la ville de Saint-Quentin, tué à la bataille qui se livra devant Liège, le 27 novembre 1792, l'an Ier de la République. Le Conseil arrête qu'il en sera envoyé des exemplaires au général Dumourier, à Condorcet, à la Société des Amis de la République, au district, au département, aux grenadiers, canonniers et chasseurs, à Valenciennes, à l'armée, et en sera distribué dans la ville. *(Procès-verbal de la séance du 15 décembre 1792, du Conseil général de la commune de Saint-Quentin. Archives municipales, registre A. 4.)*

corps administratifs et judiciaires étaient invités à s'y rendre avec la troupe. Cet avertissement fut accueilli avec les plus vifs applaudissements par tous les citoyens qui virent avec la plus grande satisfaction qu'on cherchait à éterniser le nom de Malfuson (1). »

On sortit de l'église dans le même ordre qu'on y était entré et le cortége se rendit rue Sainte-Catherine par la Grand'Place et la rue Saint-Thomas. Les appariteurs placèrent alors les deux plaques avec le nom de Malfuson, l'une « à la maison du citoyen Ozenfant, formant le coin de la rue, la seconde à celle où est né François Malfuson, actuellement habitée par son frère Abraham (2). »

Après que la cérémonie fut finie, on se sépara, vers les cinq heures du soir.

Ce qu'avait voulu la ville de Saint-Quentin, c'était rendre hommage au patriotisme d'un de ses enfants. Lorsque, plus tard, les *conservateurs* arrivèrent au pouvoir, ils transformèrent, dans leur pensée, cette mort courageuse en un fait révolutionnaire : aussi s'empressèrent-ils de rétablir le nom de rue Sainte-Catherine. Ne faisons donc pas intervenir la politique là où elle n'a rien à voir et rendons son véritable caractère à cet acte de dévouement digne d'être rappelé dans notre histoire locale.

Comment conserver le nom de Malfuson ? Sera-ce en le gravant sur une plaque

(1) Même procès-verbal.
(2) *Ibidem.*

214

de marbre ou en le donnant à une rue
comme on a fait pour quelques-uns des dé-
fenseurs de 1557 ? C'est ce qu'il appartient
au Conseil municipal de décider. Quant à
nous, dont les études spéciales ont pour
but d'évoquer les pages brillantes de nos
annales, nous ne pouvions laisser dans un
oubli immérité un nom glorieux ; il nous
suffira, nous en sommes persuadé, d'avoir
signalé à nos concitoyens une erreur pour
qu'ils la réparent aussitôt.

www.ingramcontent.com/pod-product-compliance
Lightning Source LLC
Chambersburg PA
CBHW061807040426
42447CB00011B/2524